Matthias Gundel

Als Arie und Rike den Weihnachtsstern vertraten

Eine kleine Weihnachtsgeschichte

in alter Schrift

Impressum

Bibliografische Information der Deutschen
Nationalbibliothek:
Die Deutsche Nationalbibliothek verzeichnet diese
Publikation in der Deutschen Nationalbibliografie;
detaillierte bibliografische Daten sind im Internet über
http://dnb.dnb.de abrufbar.

© 11/2021 Martina und Matthias Gundel

Herstellung und Verlag:
BoD – Books on Demand, Norderstedt

ISBN: 978-3-7543-3782-0

Ex libris

Aus einer kleinen

Welt der Zusammenheit

... man sich ...

... vollen ...

und Zuversicht.

Wie in jedem Jahr verbringen die Störche Arie und Rike bekanntlich ihre Sommerzeit in einem kleinen Städtchen.

Ihr vertrautes Domizil ist ein riesiger Fabrikschlot in der Nähe des Bahnhofes.

Wie in jedem Jahr verbringen die
Mäuse, Ratten und Rinder buchstäblich ihren
Lebenszeit in einem kleinen Städtchen.

Ihr verehrtes Domizil ist ein winziges
Fabrikplatz in der Nähe des Bahnhofs.

Arie und Rike lieben es ganz besonders, die sommerlichen Wochen zu genießen, wenn auch viel Arbeit mit dem Herrichten des Nestes für ihren Nachwuchs damit verbunden ist.

Okvin und Riken linben nb varbni ganz
benfondenos, Din hammelichen Adorhnu zü
gemainßen, nenn vied sinl Ovobruit mit
Inen Hmueründten Ins Oupouvb finn ifomn
Nonfumoüpfub venit ronebümemn ift.

Leider war es in diesem Jahr wenig mit Sommer und Sonne. Arie und Rike sind zudem keine Freunde von schlechtem Wetter. Daher bedarf es einer ganz besonderen Ausrüstung.

Limmus wars ub in dinfum Jahes wunnig
mit Johnus und Johr. Okoin und
Rinken find gudun knun hnnmmin won
ffmnfun Wntun.

Johns bntnof ub nunus gung
bnfonnum Ouffnifun.

Schon immer haben die beiden Störche ihre Heimreise in den Süden zeitlich weit nach hinten verlegt. Da der Herbst überraschend warm und angenehm war, wurde die Entscheidung für sie immer schwieriger.

Schon immer haben die großen Vögel
ihre Heimreise in den Süden zeitlich
noch nicht hinter verlegt.
Da der Herbst überraschend warm
und angenehm war, wünschen die

„Wir könnten doch auch mal hierbleiben. Das nächste Frühjahr  kommt bestimmt", überlegt Arie mit bekanntlich fester Überzeugung.

„Könnten wir darüber nachdenken", entgegnete Rike und hoffte, dass es die richtige Entscheidung wird.

„Wir könnten doch mal hier

bleiben. Das nächste Frühjahr

kommt bestimmt", überlegten Olsin

mit erkänntlich festerer Überzeugung.

„Könnten wir darüber nachdenken.",

wiegerten Riken und hofften, dass es

die richtige Entscheidung wäre.

Die beiden Störche haben im Lauf der Jahre einige Freunde gefunden, so auch den Raben Rodolfo. Dieser berichtete Arie und Rike von einem ganz besonderen Höhepunkt im Jahr, der im Dezember stattfand.

Die brüten Störche haben im
Lauf der Jahre einige ...
..., so auch der Raben
Rudolfs.

Dieses ... ...
von einem ganz besonderen
Höhepunkt im Jahr, der im
... ...

„Also, da schmücken die Menschen ihre Häuser und Straßen ganz

besonders toll. Alles ist bunt und es gibt unzählige Lichter", berichtete Rodolfo eines Nachmittags, als er die beiden einmal wieder besuchte.

„Also, da schmücken die Menschen

ihre Häuser ganz besonders toll.

Alles ist bunt und es gibt

unzählige Lichter," berichtete

Rodolfo eines Nachmittags, als es

die beiden Störche wieder einmal

besuchten.

Bekanntermaßen sind Arie und Rike sehr neugierige Zeitgenossen, so dass sie es sich in diesem Jahr auf keinen Fall nehmen ließen und beschlossen, hier zu bleiben.

Lerchenmenschen sind Ohren und
Riten sehr unaginäsien
Zuitgenossen, so daß sie es sich
in einem Jahr auch keinen fall
nehmen ließen und beschlossen,
hier zu bleiben.

Der Winter kam schnell ins Land und auch die Schneeflocken wirbelten an manchen Tagen richtig stark. Der Rabe Rodolfo berichtete weiter: „An einem Abend im Dezember feiern die Menschen ein riesiges Fest. Ich habe gehört, dass es dabei auch um einen Stern geht, der eine ganz besondere Bedeutung hat."

Der Winter kam schnell ins
Land und auch die Schneeflocken
wirbelten an manchen Tagen
richtig stark.
Der Rabe Rudolf erzählten
wonihm: „An einem Abend im
Dezember sehen die Menschen
ein richtiges Fest. Ich habe gehört,
dass es dabei auch um einen
Stern geht, der eine ganz
besondere Bedeutung hat."

Arie und Rike gehörten zu den Zeitgenossen, die es sich nicht nehmen lassen, möglichst viele unvergessene Erfahrungen zu erleben. „Das mit dem Stern, das ist doch was", murmelte Arie so vor sich hin, während Rike bekanntlich nur zustimmend nickte.

Olvin und Rika gehörten zu den
Zeitgenossen, die es sich nicht
nehmen lassen, möglichst viele
unnötige Äußerungen zu
machen.

„Das mit dem Baum ist doch
wahr.", murmelte Olvin so vor
sich hin, während Rika
bekräftig nur zustimmend
nickte.

Der Monat Dezember rückte immer näher. Straßen, Häuser und Marktplatz wurden ganz festlich geschmückt. Das Strochenpaar war beeindruckt und konnte sich nicht sattsehen. Arie und Rike machten daher immer wieder kleine Rundflüge.

Der Monat Dezember rückte
immer näher. Straßen, Häuser und
Marktplatz wurden ganz festlich
geschmückt. Das Storchenpaar war
beeindruckt und konnte sich nicht
satt sehen. Chris und Rike
machten Sachen immer kleiner
Rundflügen.

In einer sternenklaren Nacht bemerkten die beiden Störche schließlich ein merkwürdiges Geräusch und ein sehr helles Licht.

Arie und Rike staunten nicht wenig, als direkt über ihnen ein Stern auftauchte.

In einer sternenklaren Nacht
bemerkten die beiden Störche
schließlich ein merkwürdiges
Geräusch und ein helles Licht.
Otto und Dieter staunten nicht
wenig, als direkt über ihnen ein
Stern aufleuchten.

„Wenn ich doch nur einmal das Weihnachtsfest in Ruhe verbringen könnte. Nicht immer das Hin- und Herfliegen und freudige Strahlen", brummelte der Stern vor sich hin. Arie und Rike kamen mit ihm ins Gespräch und haben erfahren, dass es sich um den Weihnachtsstern handelte.

„Wenn ich doch nur einmal das Weihnachtsfest in Ruhe verbringen könnte. Nicht immer das hin- und herfliegen und herumsuchen Suchen", brummelte der Storch vor sich hin. Klein und Piten kamen mit ihm ins Gespräch und haben verstanden, daß es sich um den Weihnachtsstress handelten.

„Wir haben eine Idee. Wir könnten doch mal die Rollen tauschen", schlugen die beiden Störche dem Stern vor.

„Ihr meint, dass ich mich hier ausruhen darf und ihr fliegt für mich", riskierte der Stern als Antwort.

„Wir haben nun Zeit. Wir können
doch mal die Rollen tauschen",
schlugen die beiden Störche vor.
„Ihr meint, daß ich mich hier
ausruhen darf und ihr fliegt
für mich", witzelten die Enten
als Antwort.

So kam es auch: Arie und Rike bekamen eine Spezialausrüstung, die sowohl einen Stern, als auch den dazugehörigen Schweif symbolisierte. Der Weihnachtsstern hingegen machte es sich auf dem alten Schlot der Fabrik im Heu und Gras gemütlich.

So kam es dann auch: Arvin und Rika bekamen einen Spezialauftrag, ein sowohl einen Stern, als auch den dazugehörigen Schweif symbolisierten. Das Weihnachtsfernen hingegen machten es sich auch dem alten Schlot der Farbwerk im Frau und Glas gemütlich.

Beim genauen Hinsehen war er es schon ein sehr ungewöhnliches Bild. Zwei Störche am Nachthimmel, die den Weihnachtsstern vertraten. Zum Glück waren die Menschen an diesem Tag sehr mit sich beschäftigt, so dass der „Rollentausch" nicht weiter aufgefallen ist.

Beim genauen hinsehen war es
schon ein sehr ungewöhnliches
Bild. Zwei Störche am Nachthimmel,
die den Weihnachtsstern umkreisten.
Zum Glück waren die Menschen
am Heiligen Tag sehr mit sich
beschäftigt, so daß der

„Rollentausch" nicht weiter
aufgefallen ist.

Wie von jeher bekannt, leuchteten die Sterne in dieser Nacht besonders intensiv und hell. Die beiden Störche erfreuten sich zudem über den einmaligen Anblick der weihnachtlichen Atmosphäre, die sich ihnen bot.

Wie von jeher erkannt, leuchteten die
Sterne in dieser Nacht besonders
intensiv und hell. Die beiden
Störche ... sich ziehen übers
den einmaligen Anblick des
weihnachtlichen Atmosphären, die sich
ihnen bot.

Arie und Rike haben es genossen, etwas ganz Außergewöhnliches zu machen. Wie oft haben sie schon ihre Wünsche oder Pläne verschoben oder ausfallen lassen. „Diese dürfen bei allen Tagesaufgaben nie zu kurz kommen.", meinte der Rabe Rodolfo, als er von der Geschichte hörte.

Opa und Rita haben es genossen,
etwas ganz Außergewöhnliches zu
machen. Wie oft haben sie schon
schon Wünsche oder Pläne
verschoben oder ausfallen lassen.
„Liebe Kinder bei allen
Zukunftsgaben nie zu kurz kommen.",
meinte der Rabe Rudolf, als er
von der Geschichte hörte.

Auch dem Weihnachtsstern hat dieses andere Weihnachtsfest sehr gutgetan. Er konnte endlich einmal den festlichen Augenblick aus einer anderen Perspektive erleben.

Auch der Weihnachtsbaum hat diese

riechen Weihnachtsfest sehr gut geben.

Es konnte niemal der festlichen

Augenblick aus einer riechen

Knospenbaum molnbar.

Im nächsten Frühjahr freuten sich Arie und Rike bereits auf neue Ereignisse, die das Leben immer wieder aufs Neue spannend und lebenswert machten.

Im nächsten Frühjahr freuten sich

Ostern und Riten besucht auch man

... , ...

...

... machten.

Liebe und Dankbarkeit

sind die Grundlagen

für ein erfülltes Leben.

Danksagung

Meinen herzlichen Dank möchte ich meiner

Frau Martina für die äußerst liebevolle und

kreative Gestaltung dieser kleinen

Weihnachtsgeschichte sagen.

Frohe Weihnachten!